Genussmomente

LOW CARB

EIN BUCH DER
EDITION MICHAEL FISCHER

INHALTS-VERZEICHNIS

GRUNDLAGEN

WARUM LOW CARB?

WELCHE KOHLENHYDRATE SIND DIE RICHTIGEN?

Kohlenhydrate sind in fast allen Lebensmitteln enthalten, angefangen bei Backwaren wie Brötchen, Croissants und Keksen über Teigwaren, geschälten Reis und Kartoffeln bis hin zu Süßigkeiten und Fertiggerichten. Kohlenhydrate stecken aber auch in Obst, Fruchtsäften und Gemüse. Allerdings gibt es dabei große Unterschiede zwischen den verschiedenen Kohlenhydratarten: Es gibt einfache und komplexe Kohlenhydrate. Je süßer etwas schmeckt, desto einfacher sind die darin enthaltenen Kohlenhydrate. Diese lassen den Blutzucker in die Höhe schießen, was zu einer erhöhten Insulinausschüttung führt, die den Zucker in die Zellen schleust und den Blutzuckerspiegel wieder rapide senkt. Heißhunger, Müdigkeit und Konzentrationsmangel sind die Folgen. Da Insulin die Speicherung von Fetten fördert, führt ein Übermaß dieser schnell verwertbaren Kohlenhydrate langfristig zu ungewünschten Fettpolstern. Zu den sogenannten komplexen Kohlenhydraten zählen Vollkorngetreide (Vollkornprodukte), Hülsenfrüchte und Gemüse. Sie können in Kombination mit hochwertigem Eiweiß oder gemeinsam mit reichlich Ballaststoffen auftreten. Ballaststoffe sorgen unter anderem dafür, dass die Kohlenhydrate nur langsam ins Blut gelangen. So wird ein unerwünscht hoher Blutzuckerspiegel vermieden und auch der Insulinstoffwechsel wird weniger belastet. Zudem liefern diese komplexen Kohlenhydrate in der Regel auch gleichzeitig lebenswichtige Vitamine, Mineralstoffe und weitere Vitalstoffe. In geringen Mengen sind diese Kohlenhydrate daher auf Ihrem Speiseplan erlaubt.

WIE VIEL KOHLENHYDRATE SIND ERLAUBT?

Die kohlenhydratreichen Lebensmittel werden bei der Low-Carb-Ernährung vor allem durch fett- und eiweißreiche Lebensmittel ersetzt. Die Mahlzeiten bestehen in der Regel hauptsächlich aus Fisch, Fleisch, Milchprodukten und Gemüse sowie einer geringen Menge an komplexen Kohlenhydraten wie Haferflocken, Hülsenfrüchte oder Vollkorngetreide. Kohlenhydratlieferanten wie Kartoffeln, Reis, Brot und Nudeln sind tabu bzw. nur in kleinen Mengen erlaubt. Auf Süßigkeiten, Gebäck, Limonaden und Zucker sollten Sie ganz verzichten. Das Ziel der Low-Carb-Ernährung ist es, die Kohlenhydrate, die uns schaden, zu reduzieren.

Auch ein Überschuss an Kalorien kann zu einem Plus auf Ihrem Kalorienkonto führen: Wird mehr Energie zugeführt, als verbrannt, drohen Gewichtszunahme und infolgedessen Speckpölsterchen. Eine Low-Carb-Ernährung in

Verbindung mit regelmäßigen Sporteinheiten hingegen hilft, den Körper gesund zu halten und überschüssiges Fett abzubauen.

Liegt die tägliche Kohlenhydrataufnahme unter 100 Gramm, spricht man von Low Carb. Mit dieser Menge kann man schnell und leicht ein paar Kilos abnehmen und den Insulinspiegel niedrig halten. Da der Energiebedarf des Körpers nachts am geringsten ist, sollten Sie abends die wenigsten Kohlenhydrate aufnehmen.

Der Verzehr von 100–150 Gramm Kohlenhydraten pro Tag ist ideal für normalgewichtige Personen, die aktiv sind und regelmäßig Sport treiben. Diese Menge wird als moderate Kohlenhydrataufnahme bezeichnet. Das Ziel ist es, gesund zu bleiben und das aktuelle Körpergewicht zu halten. Generell gilt: Je aktiver Sie sind, desto mehr Kohlenhydrate sind erlaubt.

Es ist gesund Kohlenhydrate zu reduzieren, aber Low Carb sollte nicht No Carb bedeuten. Das Problem mit allen Diäten: Sie setzen auf kurzfristigen Verzicht, Verbote und Regeln. Und dadurch bleibt man nicht am Ball. Wenn Sie sich über einen längeren Zeitraum kohlenhydratarm ernähren möchten, sollten Sie auf eine ausgewogene und abwechslungsreiche Ernährung achten und sich nicht alles verbieten.

TIPP – KOHLENHYDRATARM GENIESSEN!

Einfache Kohlenhydrate, durch die schnell und viel Insulin ausgeschüttet wird, sollten Sie bei einer Low-Carb-Ernährung reduzieren und die durchaus notwendige Kohlenhydratzufuhr durch komplexe Kohlenhydrate ersätzen. Gesunde Low-Carb-Alternativen sind z. B. Zucchininudeln statt Weizennudeln oder eine Blumenkohlpizza statt einer herkömmlichen Pizza. Auch für Reis, Kartoffelchips oder Pommes können Sie aus verschiedenen Gemüsesorten wie Blumenkohl, Grünkohl oder Möhren ganz leicht gesunde und sehr leckere Optionen kreieren.

LOW CARB – LEBENSMITTEL

GESUNDES ABNEHMEN MIT LOW CARB

Sobald Sie Kohlenhydrate aufnehmen, produziert Ihr Körper das Hormon Insulin, um den bei der Verdauung entstandenen Zucker in die Zellen zu transportieren. Insulin hemmt jedoch die Fettverbrennung und sorgt außerdem dafür, dass Fett verstärkt eingelagert wird. Mit einer Low-Carb-Ernährung können Sie das Hormon Insulin im Zaum halten und erfolgreich abnehmen. Das funktioniert, weil Sie möglichst wenig und möglichst gesunde Kohlenhydrate essen. Der Blutzuckerspiegel und anschließend der Insulinspiegel steigen nur sanft an. So sind Sie gut gegen die Heißhungerfalle gerüstet. Überflüssige Kilos verschwinden schneller, da der Körper anstatt auf die schnell verwertbaren Kohlenhydrate auf die Fettdepots zurückgreift. Durch eine erhöhte Zufuhr von Fetten und Eiwein haben Sie gleichzeitig ein längeres Sättigungsgefühl und essen automatisch weniger. Für eine Low-Carb-Ernährung werden drei Mahlzeiten pro Tag empfohlen. Wer Kohlenhydrate „sparen" will und deswegen Mahlzeiten weglässt, begünstigt Heißhungerattacken. Aber auch bei drei sättigenden Mahlzeiten pro Tag kann es natürlich vorkommen, dass der kleine Hunger zwischendurch zuschlägt. Dagegen hilft, sich zunächst an den drei Hauptmahlzeiten satt zu essen, indem Sie reichlich frischen Salat, Rohkost oder Gemüse dazu kombinieren. Manchmal genügt es auch einfach schon, ein großes Glas Wasser zu trinken.

DIE BESTEN LEBENSMITTEL FÜR LOW CARB

Damit Ihr Low-Carb-Ernährungsplan gesund ist und nicht allzu fett- und kalorienreich wird, sollten Sie auf eine ausgewogene Mischung an Lebensmitteln achten. Die folgenden Lebensmittel sind perfekt für alle, die Low Carb und gesund kochen möchten:

– Gemüse in allen Variationen
  Ausnahme: kohlenhydratreiche Sorten wie Kichererbsen, Rote Bete, Süßkartoffeln, Kartoffeln, Mais – diese sollten Sie in Maßen verzehren

– alle Salatsorten

– Früchte mit geringem Kohlenhydratgehalt vor allem Beeren, Papaya, Avocado, Zitronen, Grapefruit, Quitten

– Milchprodukte wie Quark, Joghurt, Sauerrahm, Käse etc.

– Eier

– Fleisch wie Rind, Schwein, Lamm sowie Geflügel

– Fisch und Meeresfrüchte

– komplexe Kohlenhydratquellen wie Hülsenfrüchte, Vollkornprodukte, Haferflocken, Quinoa, Buchweizen, Amarant

HILFE BEI HEISSHUNGER

Wenn sich der berühmte kleine Hunger trotzdem zwischendurch meldet, kein Problem! Jetzt sollten Sie einen gesunden Low-Carb-Snack zur Hand haben, bevor der Heißhunger überhandnimmt und Sie in die Kohlenhydrat-falle tappen.

– 1 kleine Handvoll Nüsse

– Gemüsesticks

– ½–1 Becher Hüttenkäse

– ½–1 Becher Joghurt oder Quark
  mit kohlenhydratarmem Obst

– 1 hart gekochtes Ei

– 1 kleine Handvoll Käsewürfel

– 2 Scheiben gekochter Schinken

– 1 kleine Dose Thunfisch (im eigenen Saft)

– selbst gemixter grüner Smoothie
  (großer Gemüseanteil,
  wenige, kohlenhydratarme Früchte)

DER KOHLENHYDRATGEHALT IN LEBENSMITTELN

Um einen Überblick zu bekommen, welche Kohlenhydrate Sie essen sollten und auch in welchen Mengen, finden Sie auf Seite 11 drei Listen mit einer dreifarbigen Kennzeichnung. Die grün unterlegten Lebensmittel sind beson ders kohlenhydratarm – bei diesen können Sie bedenkenlos zugreifen. Die gelb unterlegten Lebensmittel befinden sich noch im Grenz-bereich, was den Kohlenhydratgehalt angeht, wohingegen die rot unterlegten bei einer Low-Carb-Ernährung eher gemieden werden sollten. Zum Ende der Tabelle nimmt der Kohlenhydratanteil der Lebensmittel also stetig und auch deutlich zu. Das bedeutet aber keineswegs, dass die rot gekennzeichneten Nahrungsmittel nicht gesund sind. Im Gegen-teil, auch diese Lebensmittel liefern wichtige Vital- und Nährstoffe, die für Ihren Körper essenziell sind, jedoch sollten Sie diese im Rahmen einer Low-Carb-Ernährung nur in Maßen verzehren. Eine Low-Carb-Ernährung ist nicht einfach eine Diät, sondern vielmehr eine langfristige Ernährungsumstellung, mit der Sie effektiv und auch längerfristig ab nehmen können. Das Wichtige dabei ist, dass Sie die richtigen Kohlenhydrate in den pas-senden Maßen zu sich nehmen. Eine zu hohe Menge und auch die falsche Art von Kohlen-hydraten führt ansonsten auf Dauer zu uner-wünschten Fettpölsterchen, die sich an Ihrem Körper ansetzen.

FRÜCHTE

Avocado	0,4 g
Limette	1,9 g
Zitrone	3,2 g
Himbeeren	4,8 g
Johannisbeeren, rot	4,8 g
Erdbeeren	5,5 g
Galiamelone	5,6 g
Heidelbeeren	6,1 g
Johannisbeeren, schwarz	6,1 g
Brombeeren	6,2 g
Papaya	7,1 g
Stachelbeeren	7,1 g
Quitte	7,3 g
Grapefruit	7,4 g
Orange	8,3 g
Wassermelone	8,3 g
Cantaloupe-Melone	8,4 g
Aprikose	8,5 g
Clementine	8,7 g
Pfirsich	8,9 g
Kiwi	9,1 g
Passionsfrucht	9,5 g
Sauerkirschen	9,9 g
Pflaume	10,2 g
Apfel	11,4 g
Zwetschge	12,4 g
Ananas	12,4 g
Birne	12,4 g
Honigmelone	12,4 g
Nektarine	12,4 g
Mango	12,5 g
Feigen, frisch	12,9 g
Süßkirschen	13,3 g
Mirabellen	15 g
Weintrauben	15,2 g
Kaki	16 g
Granatapfel	16,7 g
Banane	20 g
Feigen, getrocknet	54 g
Datteln, getrocknet	65,2 g

GEMÜSE UND HÜLSENFRÜCHTE

Pfifferling	0,2 g
Steinpilz	0,5 g
Champignon	0,6 g
Spinat	0,6 g
Mangold	0,7 g
Feldsalat	0,7 g
Kopfsalat	1,1 g
Rhabarber	1,4 g
Radicchio	1,5 g
Salatgurke	1,8 g
Grünkohl	1,8 g
Spargel	2 g
Radieschen	2,1 g
Zucchini	2,2 g
Knollensellerie	2,3 g
Blumenkohl	2,3 g
Wirsing	2,4 g
Aubergine	2,5 g
Brokkoli	2,5 g
Artischocke	2,6 g
Tomate	2,6 g
Fenchel	2,8 g
Paprika	2,9 g
Frühlingszwiebel	3 g
Lauch	3,3 g
Rotkohl	3,5 g
Kohlrabi	3,7 g
Weißkohl	4,2 g
Kürbis	4,6 g
Möhre	4,8 g
Zwiebel	4,9 g
Bohnen, grün	5,1 g
Rote Bete	8,4 g
Erbsen, grün	12,3 g
Kartoffel	14,8 g
Zuckermais	15,8 g
Kidneybohnen (in Dosen)	17,8 g
Süßkartoffel	24,1 g
Bohnen, weiß, getrocknet	34,7 g
Linsen, getrocknet	40,6 g
Kichererbsen	44,3 g

GETREIDE, NÜSSE UND SAMEN

Leinsamen, ungeschält	0 g
Flohsamenschalen, gemahlen	0 g
Kürbiskerne	1,3 g
Hanfsamen, ungeschält	2,2 g
Kokosmilch (Dose)	3 g
Paranusskerne	3,6 g
Macadamianusskerne	4 g
Mohnsamen	4,2 g
Pekannusskerne	4,4 g
Mandeln	5,4 g
Kokosraspel	6,4 g
Mandelmehl	7 g
Erdnusskerne	7,5 g
Sesam	10,2 g
Walnusskerne	10,6 g
Pistazienkerne	11,6 g
Sonnenblumenkerne	12,3 g
Weizenkleie	17,7 g
Kokosmehl	20 g
Pinienkerne	20,5 g
Cashewkerne	30,5 g
Roggenbrot	36,5 g
Chia-Samen	42,1 g
Baguette	55,4 g
Amarant	56,8 g
Quinoa	58,5 g
Haferflocken, Vollkorn	58,7 g
Roggenflocken	61 g
Paniermehl, Vollkorn	63 g
Knäckebrot	66 g
Maismehl	66,3 g
Weizenmehl, Type 1050	67 g
Roggenmehl, Type 1150	67,8 g
Hirse	68,8 g
Nudeln mit Ei, roh	69,9 g
Weizenmehl, Type 405	71 g
Buchweizen	71 g
Naturreis	74,1 g
Nudeln, eifrei, roh	75,2 g

Kohlenhydratwert pro 100 Gramm
verzehrbares Lebensmittel

REZEPTE

ERDBEER-
BANANEN-
Quark

FÜR 1 PORTION

- 100 g Erdbeeren
- ½ Banane
- 1 EL Zitronensaft
- 125 g Magerquark
- 1 EL Leinöl
- 2 EL geschroteter Leinsamen

SO GEHT'S

1 Erdbeeren waschen, putzen und in mundgerechte Stücke schneiden. Die Banane schälen und mit einer Gabel zerdrücken. Mit Zitronensaft beträufeln.

2 Obst und Quark in ein Schälchen geben und mit der Gabel vermengen. Zum Schluss das Leinöl unterrühren und mit Leinsamen bestreuen.

NÄHRWERTE

Pro Portion: 373 kcal | 28 g KH | 24 g EW | 17 g F

EGG-MUFFINS
mit Bacon

FÜR 1 PORTION

– 1 Ei (Größe M)

– 20 ml Milch (1,5 % Fett)

– Salz

– Pfeffer

– 10 g hauchdünn geschnittener Parmaschinken (ohne Fettrand)

– frischer Schnittlauch (nach Belieben)

– 1 Scheibe Roggenvollkornbrot

– 5 g Butter

Außerdem

– 6er-Muffinblech

– Öl für die Form

SO GEHT'S

1 Den Backofen auf 200 °C (Ober-/Unterhitze) vorheizen. Eine Mulde des Muffinblechs mit Öl einpinseln.

2 Das Ei aufschlagen und mit der Milch verquirlen. Mit Salz und Pfeffer würzen.

3 Den Parmaschinken in Streifen schneiden und in die eingefettete Mulde geben, sodass der Boden gut bedeckt ist. Die Eiermilch in die Mulde gießen. Nach Belieben 1 TL gehackten Schnittlauch darauf verteilen.

4 Den Egg-Muffin ca. 12 Minuten backen, bis das Ei gestockt ist. Etwas abkühlen lassen, aus der Mulde lösen und mit einer Scheibe Roggenvollkornbrot mit Butter servieren.

NÄHRWERTE

Pro Portion: 287 kcal | 29 g KH | 17 g EW | 15 g F

MÜSLI
„Bircher Art"

FÜR 1 PORTION

- 3 EL Haferflocken
- 1 TL geschrotete Leinsamen
- 125 g Joghurt (1,5 % Fett)
- 1 kleiner Apfel

SO GEHT'S

Die Haferflocken und Leinsamen in ein Schälchen geben und mit dem Joghurt verrühren. Den Apfel waschen, vierteln, das Kerngehäuse entfernen und die Viertel raspeln. Die Raspel unter das Müsli mischen und sofort verzehren.

NÄHRWERTE

Pro Portion: 266 kcal | 42 g KH | 9 g EW | 6 g F

EIWEISSBROT
mit Chia-Samen

FÜR 18 SCHEIBEN

- 6 Eier (Größe M)
- 500 g Magerquark
- 30 g Chia-Samen
- 100 g gemahlene Mandeln
- 100 g geschrotete Leinsamen
- 1 TL Salz
- 2 EL Sonnenblumenkerne
- 2 EL Kürbiskerne
- 2 EL Haselnusskerne
- 1 Pck. Backpulver

Außerdem

- Kastenform (28 cm Länge)
- Backpapier
- 1 TL Sonnenblumenkerne
- 1 TL Kürbiskerne

SO GEHT'S

1 Die Eier mit Magerquark und Chia-Samen in einer Schüssel verrühren. Gemahlene Mandeln, geschrotete Leinsamen, Salz, Sonnenblumen-, Kürbis- und Haselnusskerne zugeben und unterrühren, bis ein homogener Teig entsteht. Den Teig abgedeckt 30 Minuten ruhen lassen.

2 Den Ofen auf 180 °C (Ober-/Unterhitze) vorheizen. Die Kastenform mit Backpapier auslegen.

3 Das Backpulver unter den Teig rühren. Den Teig in die Form füllen, längs mit einem Messer einritzen und mit den übrigen Sonnenblumen- und Kürbiskernen bestreuen. Den Teig im heißen Ofen (Mitte) etwa 50 Minuten backen. Das Brot herausnehmen und vollständig auskühlen lassen.

INFO

Durch den hohen Anteil an Eiern und Quark ist dieses Brot feuchter als normales Low-Carb-Brot.

NÄHRWERTE

Pro Scheibe: 132 kcal | 2 g KH | 10 g EW | 9 g F

MÖHREN-NUSS-
Muffins

FÜR 12 STÜCK

– 200 g Möhren
– 3 Eier (Größe M)
– 100 g Kokosblütenzucker
– 3 EL Kokosöl
– 80 g Mandelmehl
– 80 g gemahlene Haselnusskerne
– Salz
– 1 TL Backpulver
– 1 TL gemahlener Zimt
– ¼ TL gemahlener Ingwer
– 25 g Walnusskerne

Außerdem
– 12er-Muffinblech mit Papierförmchen

SO GEHT'S

1 Die Möhren putzen, schälen und mit einer Gemüsereibe fein raspeln. Die Eier mit dem Kokosblütenzucker schaumig aufschlagen. Möhrenraspel und Kokosöl zugeben und untermischen.

2 Den Ofen auf 180 °C (Ober-/Unterhitze) vorheizen. Die Papierförmchen in die Mulden der Muffinform setzen.

3 Mandelmehl mit gemahlenen Haselnusskernen, 1 Prise Salz, Backpulver, Zimt und Ingwerpulver mischen. Die Walnusskerne hacken und die Hälfte davon unterziehen. Den trockenen Zutatenmix unter die Möhrenmasse rühren. Den Teig mit einem Eisportionierer oder einem Löffel in die Papierförmchen füllen und mit den restlichen Walnusskernen bestreuen. Im heißen Ofen (Mitte) etwa 20 Minuten backen. Die Muffins herausnehmen und auskühlen lassen.

TIPP

Wer mag, serviert die Möhren-Nuss-Muffins mit einem Klecks Sahne on top. Und mit ein paar gehackten Walnusskernen darauf hat man schnell ansehnliche Cupcakes.

NÄHRWERTE

Pro Stück: 149 kcal | 11 g KH | 7 g EW | 10 g F

ROTE-BETE-
Aufstrich mit Dinkelbrot

FÜR 2 PORTIONEN

- 120 g Rote Bete (vakuumiert)
- 30 g Walnusskerne
- 2 Stängel krause Petersilie
- 2 EL Rapsöl
- 1 ½ TL Apfelessig
- Salz
- Pfeffer
- 2 Scheiben Dinkelvollkornbrot

SO GEHT'S

1 Die Rote Bete in Stücke schneiden und in einen Mixbecher geben. Die Walnusskerne ohne Fett in einer beschichteten Pfanne kurz anrösten, danach zur Roten Bete geben.

2 Die Petersilie waschen, trocken schütteln und fein hacken. 1 TL Petersilie aufheben, den Rest mit Rapsöl, Apfelessig, Salz und Pfeffer in den Mixbecher geben und alles mit dem Pürierstab zu einer homogenen Masse pürieren. Abschmecken und eventuell mit Salz und Pfeffer nachwürzen.

3 Den Aufstrich auf 2 Scheiben Dinkelvollkornbrot streichen. Mit der übrigen Petersilie garnieren.

NÄHRWERTE

Pro Portion: 341 kcal | 27 g KH | 9 g EW | 22 g F

AVOCADO-DIP
mit Schafskäse

FÜR 2 PORTIONEN

- 150 g Feta
- 50 g getrocknete Tomaten (in Öl)
- 1 Avocado
- ½ Zitrone
- 3 EL Olivenöl
- Salz
- Pfeffer
- edelsüßes Paprikapulver

SO GEHT'S

1 Den Feta zerbröckeln. Die Tomaten abtropfen lassen und in kleine Würfel schneiden. Die Avocado halbieren und den Stein entfernen. Das Fruchtfleisch mit einem Löffel herauslösen. Den Saft der Zitrone auspressen.

2 Den Käse mit Avocado, Zitronensaft und Olivenöl cremig pürieren. Die Tomatenwürfel untermischen und mit Salz, Pfeffer und Paprikapulver würzen.

NÄHRWERTE
Pro Portion: 639 kcal | KH 17 g | 15 g EW | 55 g F

ERBSENSUPPE
mit pochiertem Ei

FÜR 2 PORTIONEN

– 1 Zwiebel

– 3 Stängel Minze

– 1 EL neutrales Bratöl

– 300 g TK-Erbsen

– 500 ml Gemüsebrühe

– 2 EL Weißweinessig

– 2 sehr frische Eier (Größe M)

– 200 g Kochsahne (15 % Fett)

– Saft von ½ Zitrone

– Salz

– Pfeffer

SO GEHT'S

1 Die Zwiebel schälen und klein würfeln. Die Minze waschen, trocken schütteln, Blättchen abzupfen und fein hacken. Das Öl in einem Topf erhitzen, darin die Zwiebel glasig andünsten. Die Erbsen zugeben und die Brühe angießen. Alles aufkochen und zugedeckt bei mittlerer Hitze etwa 10 Minuten köcheln lassen.

2 Inzwischen reichlich Wasser mit Essig in einem weiten Topf aufkochen, dann die Hitze reduzieren, sodass das Wasser nur noch siedet. Die Eier jeweils einzeln in eine Tasse aufschlagen und vorsichtig ins Wasser gleiten lassen. Dabei das Eiweiß mithilfe von einem Löffel etwas über das Eigelb ziehen. Die Eier in 4 Minuten gar ziehen lassen, anschließend mit einem Schaumlöffel aus dem Wasser heben und auf Küchenpapier gut abtropfen lassen.

3 Die Erbsen fein pürieren und die Kochsahne einrühren. Die Suppe kurz erhitzen, dann mit Zitronensaft, Salz und Pfeffer würzen. Die Erbsensuppe auf tiefe Teller verteilen und je 1 pochiertes Ei daraufsetzen. Mit Minze bestreut servieren.

NÄHRWERTE

Pro Portion: 515 kcal | 32 g KH | 24 g EW | 32 g F

SPINAT-LACHS-

FÜR 12 SCHEIBEN

- 125 g gehackter TK-Spinat
- 50 g Emmentaler
- 4 Eier (Größe M)
- Salz
- Pfeffer
- 200 g Frischkäse
- 2 EL Zitronensaft
- 250 g geräucherter Lachs (in Scheiben)
- 1 TL getrockneter Dill

SO GEHT'S

1 Den Spinat auftauen lassen und gut ausdrücken. Den Ofen auf 180 °C (Ober-/Unterhitze) vorheizen. Ein Backblech mit Backpapier auslegen.

2 Den Emmentaler fein reiben. Die Eier in einer Schüssel verquirlen. Spinat und Emmentaler zugeben und unter die Eier mischen. Die Masse mit Salz und Pfeffer würzen, auf das Backpapier geben und gleichmäßig verstreichen. Im heißen Ofen (Mitte) 10 Minuten backen. Das Blech herausnehmen und den Teig vollständig auskühlen lassen.

3 Den Frischkäse mit Salz, Pfeffer und Zitronensaft verrühren. Die Käsemasse auf den Teig streichen, dabei einen kleinen Rand freilassen. Den Frischkäse mit Lachsscheiben belegen und mit getrocknetem Dill bestreuen.

4 Den Spinatteig längs aufrollen und die Rolle etwa 2 Stunden in den Kühlschrank stellen. Zum Servieren die Spinat-Lachs-Rolle in Scheiben schneiden.

NÄHRWERTE

Pro Scheibe: 133 kcal | 1 g KH | 10 g EW | 10 g F

GEMÜSEEINTOPF
mit Hackbällchen

FÜR 2 PORTIONEN

- ca. 600 g gemischtes Sommergemüse (siehe Tipp)
- 1 Zwiebel
- 1 Knoblauchzehe
- 2 Salsicce (ital. rohe Bratwürste; ca. 150 g)
- 2 EL neutrales Bratöl
- 1 TL Tomatenmark
- 3 EL trockener Weißwein
- 200 g stückige Tomaten (Dose)
- 700 ml Gemüsebrühe (alternativ Gemüsefond)
- Salz
- Pfeffer
- ½ TL getrockneter Oregano
- 2 Msp. Chiliflocken
- 2 EL gehackte Petersilie zum Bestreuen

SO GEHT'S

1 Das Gemüse waschen, putzen und in dünne Scheiben, Würfelchen oder Stücke schneiden (siehe Tipp). Zwiebel und Knoblauch schälen und fein würfeln. Die Haut der Würste längs aufschlitzen und abziehen, das Wurstbrät in 2 cm große Stücke schneiden und eventuell von Hand leicht rund formen.

2 Das Bratöl in einem Suppentopf erhitzen, darin die Wurstklößchen bei mittlerer Hitze rundum braun anbraten. Herausnehmen und das Bratfett bis auf einen kleinen Bodensatz ausgieße. Den Rest erhitzen und darin Zwiebel und Knoblauch bei mittlerer Hitze goldgelb andünsten. Tomatenmark zugeben und unter Rühren 1–2 Minuten anrösten. Gemüse zufügen und unter Wenden kurz andünsten, dann mit Wein ablöschen.

3 Die stückigen Tomaten und die Brühe zugießen, mit Salz, Pfeffer, Oregano und Chiliflocken würzen. Alles zugedeckt bei niedriger bis mittlerer Hitze 20–25 Minuten köcheln lassen. 5–10 Minuten vor dem Garzeitende die Fleischklößchen zugeben. Den Eintopf mit Petersilie bestreut servieren.

TIPP

Sorten wie Zucchini, Staudensellerie, Fenchel, Grüne Bohnen, Kohlrabi oder auch Mangold sind bei Low Carb ideal, Möhren oder Erbsen aufgrund ihres leicht höheren Kohlenhydratgehalts nur in Maßen verwenden. Als Vorschlag für eine bunte Gemüsemischung: 1 Zucchini, 1 kleine Fenchelknolle, 100 g Grüne Bohnen, 1 Möhre und eventuell 3 Stangen Mangold (die Stängel gleich mit anbraten, die in Streifen geschnittenen Blätter später zugeben).

NÄHRWERTE

Pro Portion: 500 kcal | 16 g KH | 21 g EW | 38 g F

SHIRATAKI-SALAT

mit Erdnusskernen

FÜR 2 PORTIONEN

Für den Salat

- 2 EL Limettensaft
- 3 TL Ketjap Manis (indonesische Sojasauce)
- 1 EL neutrales Bratöl
- 250 g Hähnchenbrustfilet
- 1 Pck. Shirataki-Nudeln (Konjak-Nudeln, 200 g)
- 200 g Rotkohl
- ½ Salatgurke
- 1 dicke Möhre
- 1 Bund Koriandergrün
- 25 g geröstete Erdnusskerne

Für das Dressing

- 50 g ungesüßtes Erdnussmus
- 3–4 TL Limettensaft
- 1 EL Fischsauce
- 1 TL rote Currypaste
- ½ TL Kokosblütenzucker

SO GEHT'S

1 Für den Salat den Limettensaft mit Ketjap Manis und Öl verrühren. Hähnchenbrustfilet trocken tupfen und in Streifen schneiden, mit der Marinade mischen und kühl stellen.

2 Die Shirataki-Nudeln nach Packungsangabe zubereiten, abgießen und abtropfen lassen. Den Rotkohl waschen und den Strunk wegschneiden. Den Kohl in feine Streifen hobeln. Die Gurke schälen und längs halbieren, die Hälften in Scheiben hobeln. Die Möhre putzen, schälen und in schmale Stifte schneiden. Koriandergrün waschen, trocken schütteln und die Blättchen abzupfen. Die Erdnusskerne grob hacken. Die Hähnchenstreifen in einer beschichteten Pfanne unter Wenden 5–6 Minuten kräftig anbraten.

3 Für das Dressing das Erdnussmus mit 4–5 EL heißem Wasser, Limettensaft, Fischsauce, Currypaste und Kokosblütenzucker cremig pürieren.

4 Die Shirataki-Nudeln mit Gemüse und Koriandergrün mischen und auf Tellern anrichten. Die Fleischstreifen daraufgeben. Etwas Dressing darüber klecksen und den Rest Dressing extra zum Salat servieren.

NÄHRWERTE

Pro Portion: 525 kcal | 32 g KH | 43 g EW | 25 g F

ZOODLES-SALAT
mit Feta

FÜR 2 PORTIONEN

- 2 mittelgroße Zucchini (ca. 500 g)
- Salz
- 1 Knoblauchzehe
- 1 rote Chilischote
- 200 g Kirschtomaten
- ½ Bund Basilikum
- 30 g schwarze Oliven (ohne Stein)
- 2 EL neutrales Bratöl
- 1 Zitrone
- Pfeffer
- 200 g Feta

Außerdem
- Spiralizer

SO GEHT'S

1 Die Zucchini waschen, trocken reiben, putzen und mit einem Spiralizer zu „Nudeln" schneiden. Diese auf ein Tablett legen, mit etwas Salz bestreuen und kurz mit den Händen durchkneten. Dann ziehen lassen, bis alle anderen Zutaten vorbereitet sind.

2 Den Knoblauch schälen und fein hacken. Die Chilischote putzen, entkernen, waschen und in schmale Ringe schneiden. Die Tomaten waschen und halbieren. Das Basilikum waschen, trocken schütteln, Blättchen abzupfen und grob zerzupfen. Die Oliven halbieren.

3 Das Öl in einer Pfanne erhitzen, darin Knoblauch und Chiliringe unter Wenden kurz andünsten. Die Zucchininudeln etwas ausdrücken, in die Pfanne geben und unter Wenden 2–3 Minuten braten. Die Zitronen auspressen und den Saft zugeben und 1 Minute weiterbraten.

4 Zucchininudeln in eine Schüssel geben. Oliven, Tomaten und Basilikum zugeben und untermischen. Mit Salz und Pfeffer würzen. Den Feta über den Salat bröckeln. Den Salat lauwarm servieren.

TIPP

Gemüsenudeln sind der Hit für alle, die nicht ganz auf Pasta verzichten wollen und trotzdem ohne Teigwaren Low Carb genießen möchten. Dazu braucht es einen „Spiralizer", einen Extraschneider, der aus Gemüse lange dünne Nudeln zaubert. Für weiche Gemüsesorten wie Zucchini leistet ein preiswerter einfacher Handspiralizer gute Dienste. Wer häufig Gemüsenudeln machen will oder härtere Gemüse wie Möhren oder Rettich verarbeiten möchte, der sollte sich einen Spiralizer mit Kurbel zulegen, in dem man das Gemüse einspannen und mühelos durchdrehen kann.

NÄHRWERTE

Pro Portion: 475 kcal | 15 g KH | 23 g EW | 35 g F

CAESAR SALAD
mit Huhn und Rauchmandeln

FÜR 2 PORTIONEN

Für den Salat

- 1 Hähnchenbrustfilet (ca. 150 g)
- 1 TL flüssiger Honig
- 2 TL Olivenöl
- ½ TL edelsüßes Paprikapulver
- Pfeffer
- 2 Romanasalate
- 50 g Rucola
- Salz
- 25 g Rauchmandeln

Für das Dressing

- 1 Sardellenfilet (in Öl)
- 1 Knoblauchzehe
- 1 Eigelb (Größe M)
- ½ TL Dijon-Senf
- 2–3 TL Zitronensaft
- 1 EL griechischer Joghurt (10 % Fett)
- 5 EL Olivenöl
- 1 EL frisch geriebener Pamesan

SO GEHT'S

1 Das Hähnchenbrustfilet trocken tupfen. Den Honig mit 1 TL Öl, Paprikapulver und etwas Pfeffer verrühren. Filet damit rundherum bestreichen und abgedeckt mindestens 1 Stunde kühl stellen.

2 Für das Dressing das Sardellenfilet fein hacken. Knoblauch schälen und ebenfalls fein hacken. Beides mit Eigelb, Senf, Zitronensaft und Joghurt in einen hohen Mixbecher geben. Alles pürieren, dabei nach und nach das Öl einlaufen lassen und untermixen, bis ein cremiges Dressing entstanden ist. Wenn das Dressing zu dickflüssig ist, 1–2 EL Wasser untermixen. Den Parmesan unterrühren und mit Salz und Pfeffer abschmecken.

3 Romanasalat und Rucola putzen, die Blätter waschen und trocken schleudern. Rucola und Salat in mundgerechte Stücke zupfen oder schneiden und in einer Schüssel mischen.

4 1 TL Öl in einer beschichteten Pfanne erhitzen, darin das Hähnchenfilet pro Seite 6–7 Minuten braten, salzen und etwas abkühlen lassen. Rauchmandeln grob hacken. Das Hähnchenfilet in Scheiben schneiden und mit den Rauchmandeln auf dem Salat anrichten. Mit etwas Dressing beträufeln und den Rest Dressing extra zum Salat reichen.

TIPP

Das Fleisch am Vorabend oder morgens marinieren und abgedeckt in den Kühlschrank stellen. So ist alles startklar, wenn Sie den Salat zubereiten wollen.

NÄHRWERTE

Pro Portion: 540 kcal | 8 g KH | 28 g EW | 45 g F

HASSELBACK-
Chicken

FÜR 2 PORTIONEN

- je 1 kleine gelbe und grüne Zucchini (ca. 250 g)
- 200 g Kirschtomaten
- 1 gelbe Paprika
- 4 Zweige Thymian
- 2 EL Olivenöl
- Salz
- Pfeffer
- 1 kleine rote Zwiebel
- 1 Kugel Mozzarella (125 g)
- 5 getrocknete Soft-Tomaten
- 2 Hähnchenbrustfilets (ca. 150 g)
- 25 g grünes Pesto (Glas)

SO GEHT'S

1 Den Backofen auf 220 °C (Ober-/Unterhitze) vorheizen. Die Zucchini waschen und die Enden entfernen. Von jeder Zucchini 5 dünne Scheiben abhobeln, zur Seite legen. Übrige Zucchini längs halbieren und in dünne Scheiben schneiden. Die Tomaten waschen und halbieren. Die Paprika längs halbieren, putzen, waschen und in Streifen schneiden. Den Thymian waschen, trocken schütteln, die Blättchen abzupfen.

2 Das Gemüse, bis auf die 10 Scheiben Zucchini, mit dem Öl und Thymian mischen, mit Salz und Pfeffer würzen. Die Mischung in die Fettpfanne des Backofens geben und verteilen.

3 Die Zwiebel schälen und in feine Ringe hobeln. Den Mozzarella mit Küchenpapier trocken tupfen und in 10 dünne Scheiben schneiden. Die Soft-Tomaten längs halbieren.

4 Die Hähnchenbrustfilets trocken tupfen und auf der Oberseite jeweils quer fünfmal tief ein-, aber nicht durchschneiden. In jeden Einschnitt 1 Scheibe Mozzarella, je 1 gelbe und grüne Zucchinischeibe, 1 Zwiebelring und 1 Stück Soft-Tomate stecken. Das Pesto in die Einschnitte verteilen. Das Fleisch auf das Gemüse in die Fettpfanne legen.

5 Alles im heißen Ofen (Mitte) 20–25 Minuten backen, bis die Hähnchenbrustfilets durch sind und das Gemüse gar ist. Übriges Pesto dazu servieren.

NÄHRWERTE

Pro Portion: 530 kcal | 9 g KH | 52 g EW | 32 g F

STEAKS
mit Kohlrabigratin

FÜR 2 PORTIONEN

- 600 g Kohlrabi
- 1 Knoblauchzehe
- Salz
- Pfeffer
- 150 g Sahne (15 % Fett)
- 100 ml Milch (1,5 % fett)
- frisch geriebene Muskatnuss
- 30 g frisch geriebener Bergkäse
- 1 TL getrockneter Thymian
- ½ TL grobes Meersalz
- 2 Rumpsteaks (je ca. 150 g)
- 1 TL neutrales Bratöl

Außerdem
- Butter für die Form

SO GEHT'S

1 Den Backofen auf 200 °C (Ober-/Unterhitze) vorheizen.

2 Die Kohlrabiknollen schälen, halbieren und in feine Scheiben hobeln oder schneiden. Eine Auflaufform dünn mit Butter einfetten. Den Knoblauch schälen, halbieren und die Form damit einreiben. Die Kohlrabischeiben fächerförmig in die Form schichten, dabei jede Lage mit etwas Salz und Pfeffer würzen.

3 Sahne und Milch in einem Topf aufkochen und bei niedriger Hitze 5 Minuten köcheln lassen. Mit Salz, Pfeffer und etwas Muskat würzen. Die Milch-Sahne-Mischung gleichmäßig über die Kohlrabischeiben gießen. Alles mit Käse bestreuen und im heißen Ofen (Mitte) etwa 25 Minuten backen.

4 Inzwischen Thymian und Meersalz im Blitzhacker fein mahlen oder im Mörser zerstoßen. Die Steaks trocken tupfen, mit dem Thymiansalz würzen. Das Öl in einer beschichteten Pfanne erhitzen, darin die Steaks unter Wenden 6–8 Minuten braten (medium). Die Steaks herausnehmen, in Alufolie wickeln und kurz ruhen lassen, dann mit dem Gratin servieren.

_____

TIPP

Wenn Sie die Sahne-Mischung mit etwas Kurkumapulver färben, sieht das Gratin wie das Original aus Kartoffeln aus.

NÄHRWERTE

Pro Portion: 515 kcal | 17 g KH | 47 g EW | 28 g F

PUTENSTEAKS
mit Gemüsefritten und Salsa Verde

FÜR 2 PORTIONEN

– 250 g Pastinaken

– 250 g Möhren

– 5 EL Olivenöl

– Salz

– ½ TL Harissa (nordafrikanische Würzpaste)

– 2 Putensteaks (je 150 g)

Für die Salsa Verde

– ½ Knoblauchzehe

– ½ Glas Kapern (30 g Abtropfgewicht)

– ½ Bund Petersilie

– 2 Sardellenfilets (in Salz)

– 1 TL Zitronensaft

– Pfeffer

SO GEHT'S

1 Den Backofen auf 220 °C (Ober-/Unterhitze) vorheizen. Ein Backblech mit Backpapier auslegen.

2 Pastinaken und Möhren putzen, schälen und in etwa 1 cm breite und 5 cm lange Stifte schneiden. 1 EL Öl mit Salz und Harissa verrühren und die Gemüsestifte zugeben. Alles mischen, sodass die Stifte mit Öl überzogen sind. Das Gemüse auf dem Backblech verteilen. Dabei darauf achten, dass die Stifte nicht übereinander liegen. Im heißen Ofen (Mitte) etwa 25 Minuten backen.

3 Inzwischen für die Salsa Verde den Knoblauch schälen und halbieren. Die Kapern in einem Sieb abtropfen lassen. Die Petersilie waschen, trocken schütteln, Blättchen abzupfen und grob hacken. Sardellenfilets gründlich abspülen, trocken tupfen und grob zerschneiden. Die vorbereiteten Zutaten mit 3 ½ EL Öl und Zitronensaft in einen hohen Rührbecher geben und fein pürieren. Mit Salz und Pfeffer würzen.

4 Die Putensteaks auf beiden Seiten mit ½ EL Öl einpinseln, mit Salz und Pfeffer würzen. In einer beschichteten Pfanne auf jeder Seite 2–3 Minuten braten. Die Steaks mit den Gemüsefritten und Salsa Verde servieren.

NÄHRWERTE

Pro Portion: 460 kcal | 12 g KH | 40 g EW | 27 g F

SCHNITZEL-RÖLLCHEN

mit falschen Bratkartoffeln

FÜR 2 PORTIONEN

Für die Bratkartoffeln

– 1 kleine Steckrübe (ca. 800 g)
– 1 Zwiebel
– 1 Knoblauchzehe
– 2 EL neutrales Bratöl
– Salz
– Pfeffer
– 1 TL getrockneter Majoran

Für die Schnitzelröllchen

– 1 Gewürzgurke
– 30 g Doppelrahm-Frischkäse
– 1 TL mittelscharfer Senf
– 2 dünne Kalbsschnitzel (je ca. 120 g)
– Salz
– Pfeffer
– 1 EL neutrales Bratöl

Außerdem

– Holzspießchen

SO GEHT'S

1 Für die falschen Bratkartoffeln die Steckrübe schälen, vierteln und in 1–2 cm große Würfel schneiden. Die Würfel in einen Topf geben und knapp mit Wasser bedecken, dann aufkochen und zugedeckt 2 Minuten dünsten. Anschließend die Steckrüben in ein Sieb abgießen und abtropfen lassen.

2 Inzwischen für die Röllchen die Gewürzgurke sehr fein würfeln. Den Frischkäse mit Senf glatt rühren und die Gurke untermischen. Die Schnitzel trocken tupfen und zwischen zwei Lagen Frischhaltefolie mit dem Fleischklopfer etwas flacher klopfen. Mit Salz und Pfeffer würzen, dann jeweils quer halbieren. Die Schnitzel mit der Füllung bestreichen, dabei rundherum eine Rand freilassen. Die Seiten der Schnitzel zur Füllung hin etwas einschlagen. Die Schnitzel aufrollen und mit Holzspießchen feststecken. Öl in einer beschichteten Pfanne erhitzen, darin die Röllchen rundherum 8–10 Minuten braten.

3 Für die falschen Bratkartoffeln Zwiebel und Knoblauch schälen und fein würfeln. Öl in einer beschichteten Pfanne erhitzen, darin die Steckrübenwürfel unter Wenden 10 Minuten anbraten, bis sie goldbraun sind. Nach der Hälfte der Garzeit Zwiebel und Knoblauch zugeben und mitbraten. Mit Salz, Pfeffer und Majoran würzen. Die Schnitzelröllchen mit den falschen Bratkartoffeln servieren.

VARIANTE

Für eine schnelle Veggie-Variante Spiegeleier zu den falschen Bratkartoffeln servieren.

NÄHRWERTE

Pro Portion: 450 kcal | 23 g KH | 32 g EW | 25 g F

GRATINIERTE
Ratatouille-Röllchen

FÜR 2 PORTIONEN

- 1 Knoblauchzehe
- 2 EL neutrales Bratöl
- 1 Dose stückige Tomaten (400 g Füllgewicht)
- Salz
- Pfeffer
- 1 Aubergine
- 1 Zucchini
- ½ Bund Basilikum
- 250 g Ricotta
- 2 EL frisch geriebener Parmesan
- 1 Ei (Größe M)
- frisch geriebene Muskatnuss
- ½ Kugel Mozzarella (ca. 65 g)

SO GEHT'S

1 Den Backofen auf 200 °C (Ober-/Unterhitze) vorheizen.

2 Den Knoblauch schälen und fein würfeln. ½ EL Öl in einem weiten Topf erhitzen, darin den Knoblauch goldgelb andünsten. Die stückigen Tomaten zugeben, mit Salz und Pfeffer würzen. Alles aufkochen und offen etwa 10 Minuten köcheln lassen.

3 Inzwischen Aubergine und Zucchini waschen und putzen. Beides längs in etwa 3 mm dicke Scheiben schneiden. Die Scheiben salzen. Das übrige Öl nach und nach in einer großen beschichteten Pfanne erhitzen, darin zuerst die Zucchinischeiben, dann die Auberginenscheiben pro Seite etwa 3 Minuten braten. Die Scheiben herausnehmen und auf Küchenpapier abtropfen lassen.

4 Für die Füllung das Basilikum waschen, trocken schütteln, Blättchen abzupfen und fein hacken. Ricotta mit Parmesan, Ei, Basilikum, Salz, Pfeffer und etwas Muskat verrühren.

5 Die Tomatensauce mit Salz und Pfeffer abschmecken und etwa drei Viertel davon in eine Auflaufform geben. Je 1 TL von der Füllung auf die Gemüsescheiben streichen und die Scheiben aufrollen. Die Röllchen in die Sauce legen. Übrige Tomatensauce darüberklecksen. Mozzarella in Stücke zupfen und darauf verteilen. Im heißen Ofen (Mitte) etwa 20 Minuten backen.

NÄHRWERTE

Pro Portion: 510 kcal | 13 g KH | 34 g EW | 35 g F

HALLOUMI-PUFFER
mit Spinat

FÜR 2 PORTIONEN

Für die Puffer

- 150 g Halloumi (griechischer Grillkäse)
- 50 g Baby-Spinat
- 1 kleine Zwiebel
- 2 EL Semmelbrösel
- 1 Ei (Größe M)
- ½ TL Chiliflocken
- Salz
- Pfeffer
- 1–2 EL neutrales Bratöl

Für den Tomatensalat

- 250 g Tomaten
- 1 Frühlingszwiebel
- 3 Stängel Basilikum
- 1 TL Aceto Balsamico
- Salz
- Pfeffer
- 3 TL Olivenöl

SO GEHT'S

1 Für die Puffer den Halloumi grob raspeln. Den Spinat waschen, abtropfen lassen und hacken. Die Zwiebel schälen und fein würfeln. Halloumi, Spinat, Zwiebel, Semmelbrösel, Ei, Chiliflocken, etwas Salz und Pfeffer in eine Rührschüssel geben und mit den Händen zu einer glatten Masse verkneten.

2 Etwas Öl in einer beschichteten Pfanne erhitzen. Pro Puffer 1 gehäuften EL von der Masse in die Pfanne geben, flach streichen und unter Wenden insgesamt 5–6 Minuten braten. Die Puffer herausnehmen und auf Küchenpapier abtropfen lassen. Auf diese Weise 6 Puffer backen.

3 Inzwischen für den Tomatensalat die Tomaten waschen, den Strunk entfernen und in Scheiben schneiden. Die Frühlingszwiebel putzen, waschen und in feine Ringe schneiden. Das Basilikum waschen, trocken schütteln, Blättchen abzupfen und fein schneiden. Den Essig mit Salz und Pfeffer verrühren, das Öl unterschlagen. Tomaten, Frühlingszwiebel und Basilikum unter das Dressing mischen. Die Puffer mit dem Tomatensalat servieren.

NÄHRWERTE

Pro Portion: 485 kcal | 19 g KH | 25 g EW | 35 g F

FISCH-BONBON
mit Petersilienwurzel Erbsen-Püree

FÜR 2 PORTIONEN

- ½ Bund Dill
- ½ Bund Petersilie
- 1 Bio-Zitrone
- 3 TL Olivenöl
- Salz, Pfeffer
- 2 Tomaten
- 2 weiße Fischfilets (je ca. 200 g; z. B. Schellfisch)
- 250 g Petersilienwurzeln
- 250 g TK-Erbsen
- 3 EL Milch (1,5 % Fett)
- 1 EL Butter
- Öl für das Püree

SO GEHT'S

1 Den Backofen auf 200 °C (Ober-/Unterhitze) vorheizen.

2 Die Kräuter waschen, trocken schütteln, Dillspitzen und Blättchen abzupfen und fein hacken. Die Zitrone heiß waschen, die Schale abreiben und den Saft auspressen. Die Schale mit Olivenöl mischen, den Mix mit Salz und Pfeffer würzen. Die Tomaten waschen, trocken reiben, Strunk entfernen und in Scheiben schneiden. Den Fisch kalt abspülen und trocken tupfen.

3 2 Bögen Pergamentpapier bereitlegen, dünn mit Öl einpinseln. Die Tomatenscheiben darauf verteilen und salzen. Den Fisch auf die Tomaten legen, mit Kräutermix bestreichen und mit je 1 TL Zitronensaft beträufeln. Das Papier über dem Fisch zusammennehmen, verschließen und die Seiten fest verdrehen. Im heißen Ofen (Mitte) 15–20 Minuten garen.

4 Inzwischen für das Püree die Petersilienwurzeln putzen, schälen und in Stücke schneiden. In kochendem Salzwasser 10–12 Minuten garen, bis sie weich sind. Etwa 5 Minuten vor dem Garzeitende die Erbsen zugeben und mitgaren. Das Gemüse abgießen.

5 Milch und Butter in einem Topf erhitzen, das Gemüse zugeben. Den Topf vom Herd nehmen und alles mit dem Pürierstab fein pürieren. Das Püree mit 2 TL Zitronensaft und Salz abschmecken. Die Fischpäckchen mit dem Püree servieren.

NÄHRWERTE

Pro Portion: 470 kcal | 28 g KH | 50 g EW | 17 g F

ASIA-OFENLACHS
mit Wokgemüse

FÜR 2 PORTIONEN

Für den Lachs

– 350 g Lachsfilet (ohne Haut)
– 1 Bio-Limette
– 1 Bund Koriandergrün
– Salz, Pfeffer
– 2–3 Msp. Chiliflocken
– 2 EL Sojasauce
– 2 EL Olivenöl

Für das Gemüse

– 3 Frühlingszwiebeln
– 1 Knoblauchzehe
– 15 g frischer Ingwer
– 1 rote Paprika
– 1 dicke Möhre
– 200 g Champignons
– 2 EL neutrales Bratöl
– 3 EL Sojasauce
– ½ TL Gemüsebrühe (Pulver)
– 100 g Baby-Spinat
– Salz, Pfeffer
– 2–3 Spritzer Chilisauce

SO GEHT'S

1 Backofen auf 190 °C (Ober-/Unterhitze) vorheizen. Lachs abspülen und trocken tupfen. Limette heiß waschen, abtrocknen und in dünne Scheiben schneiden. 2–3 Scheiben in eine kleine ofenfeste Form legen. Koriandergrün waschen und trocken schütteln. 2–3 Stängel auf die Limettenscheiben in der Form legen, den Rest mitsamt den Stielen fein hacken.

2 Den Lachs in die Form legen, mit Salz, Pfeffer und Chiliflocken würzen. Gehacktes Koriandergrün darauf verteilen und andrücken. Mit Sojasauce und Olivenöl beträufeln. Lachs mit übrigen Limettenscheiben belegen und im heißen Ofen (Mitte) 12–15 Minuten garen.

3 Frühlingszwiebeln putzen, waschen, den grünen und weißen Teil getrennt in Ringe schneiden. Knoblauch und Ingwer schälen und fein hacken. Paprika längs halbieren, putzen, waschen und die Hälften klein würfeln. Möhre schälen und putzen, längs halbieren und die Hälften schräg in dünne Scheiben schneiden. Champignons putzen und je nach Größe halbieren oder vierteln.

4 Öl in einem Wok oder einer beschichteten Pfanne erhitzen, darin die Möhrenscheiben unter Wenden 2–3 Minuten anbraten. Paprika, Champignons, weiße Frühlingszwiebelringe, Knoblauch und Ingwer zugeben und unter Rühren weitere 1–2 Minuten braten. Mit Sojasauce ablöschen, 80 ml Wasser und das Brühepulver zugeben und alles bei mittlerer Hitze weitere 3–5 Minuten garen.

5 Spinat waschen, trocken schütteln und im Wok bei hoher Hitze zusammenfallen lassen. Gemüse mit Salz, Pfeffer und Chilisauce abschmecken. Mit grünen Frühlingszwiebelringen bestreuen und mit dem Lachs servieren.

NÄHRWERTE

Pro Portion: 555 kcal | 1 g KH | 42 g EW | 34 g F

APFEL-NUSS-
Kuchen

FÜR 16 STÜCKE (SPRINGFORM 20 CM Ø)

- 2 große Äpfel
- 1 EL Zitronensaft
- 40 g Erythrit
- 40 g Birkenzucker
- 3 Eier (Größe M)
- 75 g gemahlene Haselnusskerne
- 20 g Mandelmehl
- 10 g Proteinpulver
- 10 g Kokosmehl
- 2 TL Backpulver
- 50 g Zartbitterschokolade (mind. 80 % Kakaogehalt)
- 10 Walnusskernhälften

Außerdem
- Springform (ø 20 cm)

SO GEHT'S

1 Die Äpfel waschen, schälen und mit einer Gemüsereibe grob raspeln. Die Apfelraspel sofort mit Zitronensaft mischen, damit sie nicht braun werden. Erythrit und Birkenzucker in einem Mixer zu Puder mahlen. Den Ofen auf 160 °C (Umluft) vorheizen.

2 Den Boden der Springform mit Backpapier auslegen. Die Eier mit der Erythrit- und Birkenzucker-Mischung in einer Schüssel cremig aufschlagen. Gemahlene Haselnusskerne, Mandelmehl, Proteinpulver, Kokosmehl und Backpulver mischen und unterrühren. Danach die Apfelraspel unterheben. Den Teig in die Springform füllen und im heißen Ofen (Mitte) etwa 35 Minuten backen. Dann herausnehmen und auf einem Kuchengitter auskühlen lassen.

3 Für den Guss die Schokolade hacken und in einer Schüssel über einem heißen Wasserbad schmelzen. Mit einem Pinsel die Schokolda auf den Kuchen verteilen und mit Walnusskernhälften verzieren. Den Guss fest werden lassen.

NÄHRWERTE

Pro Stück: 96 kcal | 9 g KH | 4 g EW | 4 g F

LEICHTE SCHOKOCREME
mit Himbeeren

FÜR 2 PORTIONEN

– 50 g Zartbitterschokolade
  (mind. 80 % Kakaogehalt)

– ½ reife Avocado

– 2 TL Backkakao plus etwas
  mehr zum Bestäuben

– 4 EL Zucker

– Kardamom

– 2 Eiweiß (Größe M)

– Salz

– 4–8 frische Himbeeren
  (zum Garnieren)

SO GEHT'S

1 Die Schokolade grob hacken und über dem heißen Wasserbad oder in der Mikrowelle schmelzen.

2 Das Avocadofruchtfleisch aus der Schale lösen. Zusammen mit dem Kakao, dem Zucker und 1 Msp. Kardamom pürieren. Dann die flüssige Schokolade unter die Masse rühren. Die Eiweiße mit 1 Prise Salz steif schlagen und unter die Schoko-Avocado-Creme heben. Die Creme in 2 Dessertgläser füllen und über Nacht in den Kühlschrank stellen.

3 Vor dem Servieren mit etwas Kakapulvero und frischen Himbeeren garnieren.

NÄHRWERTE

Pro Portion: 308 kcal | 36 g KH | 8 g EW | 16 g F

HEIDELBEER-
Buchweizen-Muffins

FÜR 12 STÜCK

Für die Kokoscreme

– 1 Dose Kokosmilch
  (400 ml Füllgewicht)
– 1 EL Ahornsirup
– Mark von ½ Vanilleschote

Für den Teig

– 150 g Buchweizenmehl
– 2 TL Backpulver
– 1 EL Chia-Samen
– 1 TL gemahlener Zimt
– Salz
– 1 Banane
– 2 frische Feigen
– 85 g Honig
– 3 Eier (Größe M)
– 90 g frische Heidelbeeren

Außerdem

– 12er-Muffinblech mit
  Papierförmchen
– 3 Feigen
– Heidelbeeren

SO GEHT'S

1 Die Kokosmilch über Nacht in den Kühlschrank stellen. Am nächsten Tag den Backofen auf 180 °C (Ober-/Unterhitze) vorheizen. Die Papierförmchen in Mulden der Muffinform setzen.

2 Für den Teig das Buchweizenmehl mit Backpulver, Chia-Samen, Zimt und 1 Prise Salz in einer Schüssel mischen. Die Banane schälen und zerdrücken. Die Feigen halbieren und das Fruchtfleisch herauslöffeln. Beides in eine Schüssel geben. Honig und Eier zugeben und alles verrühren. Die Mehlmischung zugeben und unterrühren. Die Heidelbeeren waschen, trocken tupfen und unterheben. Den Teig in die Papierförmchen füllen.

3 Den Teig im heißen Ofen (Mitte) in 15–20 Minuten goldbraun backen. Die Muffins herausnehmen und auf einem Kuchengitter auskühlen lassen.

4 Inzwischen für die Kokoscreme die feste Creme von der flüssigen Kokosmilch trennen und mit Ahornsirup und Vanillemark cremig aufschlagen. Die Muffins damit toppen. Die Feigen waschen, vierteln und mit den Heidelbeeren die Muffins ausdekorieren.

TIPP

Die aufgeschlagene Kokoscreme hält sich im Kühlschrank mindestens 3 Tage. Sie wird zwar etwas fester, kann aber wieder locker aufgeschlagen werden. Die übrige flüssige Kokosmilch lässt sich in einem Eiswürfelbehälter einfrieren und für Smoothies oder Cocktails verwenden.

NÄHRWERTE

Pro Stück: 190 kcal | 22 g KH | 4 g EW | 28 g F

MANGOQUARK
mit Kokosmilch

FÜR 1 PORTION

- 1 reife, saftige Mango
- 250 g Quark (Magerstufe)
- 5 EL ungesüßte
  Kokosmilch (Dose)
- Kokoschips
  (nach Belieben)

SO GEHT'S

1 Die Mango schälen und das Fruchtfleisch vom Stein schneiden. Das Fruchtfleisch mit dem Quark und der Kokosmilch in einer Schüssel mit einem Pürierstab fein zermusen.

2 Den Mangoquark in Dessertschalen füllen und für 1 Stunde in den Kühlschrank stellen. Nach Belieben mit Kokoschips bestreut servieren.

NÄHRWERTE

Pro Portion: 162 kcal | 20 g KH | 18 g EW | 1 g F

IMPRESSUM

Bibliografische Information der Deutschen Bibliothek.

Die Deutsche Bibliothek verzeichnet diese Publikation in der Deutschen Nationalbibliografie.

Detaillierte bibliografische Daten sind im Internet über http://www.dnb.de/ abrufbar.

EIN BUCH DER EDITION MICHAEL FISCHER

1. Auflage 2021

© 2021 Edition Michael Fischer GmbH, Donnersbergstr. 7, 86859 Igling

Reihengestaltung: Yvonne Witzan
Satz: Lena Albert und Emilia Ruppel
Projektleitung und Lektorat: Lena Buch

Texte: Christina Wiedemann S. 6–11

Rezepte: S. 14–18, 24, 58: Anna Iburg; S. 20, 22, 30, 56: Maria Panzer; S. 26, 62: Rose Marie Donhauser; S. 28, 32–54: Tanja Dusy/Inga Pfannebecker; S. 60: Sabrina Sue Daniels

Bilder: S. 15–19, 25, 59: Claudia Timmann, Hamburg; S. 21, 23, 31, 57: Maria Panzer, Offenburg; S. 27, 61, 63: Sabrina Sue Daniels, Düsseldorf; S. 29–55: Katrin Winner, München

ISBN 978-3-7459-0239-6

Gedruckt bei Polygraf Print, Čapajevova 44, 08001 Prešov, Slowakei

www.emf-verlag.de